생생화보로 배우는
탈것사전

생생화보로 배우는
탈것사전

초판 인쇄 2025년 7월 7일
초판 발행 2025년 7월 17일

지은이 콘텐츠랩
펴낸이 진수진
펴낸곳 굿키즈북스

주소 경기도 고양시 일산서구 일산동 1093
출판등록 2013년 5월 30일 제2013-000078호
전화 031-911-3416
팩스 031-911-3417

*본 도서는 무단 복제 및 전재를 법으로 금합니다.
*가격은 표지 뒷면에 표기되어 있습니다.

생생화보로 배우는 탈것사전

차례

- 비행기 · 6
- 경찰차 · 8
- 자전거 · 10
- 마차 · 12
- 패러글라이더 · 14
- 케이블카 · 16
- 캠핑카 · 18
- 거북선 · 20
- 정찰기 · 22
- 호버크라프트 · 24
- 배 · 26
- 소방차 · 28
- 헬리콥터 · 30
- 청소차 · 32
- 택시 · 34
- 모노레일 · 36
- 스쿠터 · 38
- 요트 · 40
- 잠수함 · 42
- 고속열차 · 44
- 기차 · 46
- 구급차 · 48
- 열기구 · 50
- 급유차 · 52
- 이층버스 · 54
- 여객선 · 56

- 산악자전거 ·58
- 보트 ·60
- 레이싱카 ·62
- 달착륙선 ·64
- 자동차 ·66
- 버스 ·68
- 우주선 ·70
- 전투기 ·72
- 스쿨버스 ·74
- 화물선 ·76
- 증기기관차 ·78
- 카누 ·80
- 스노모빌 ·82

- 월면차 ·84
- 스포츠카 ·86
- 오토바이 ·88
- 트럭 ·90
- 우체국차 ·92
- 지하철 ·94
- 군함 ·96
- 바이킹선 ·98
- 로켓 ·100
- 항공모함 ·102
- 몬스터트럭 ·104

01 비행기

크기
보잉737-900 기준 길이 42.1미터, 폭 34.3미터, 최대 이륙 중량 78.2톤.

용도
사람이나 화물을 싣고 양력을 이용해 하늘을 날아다니는 교통수단.

참고 사항
비행기, 헬리콥터, 글라이더, 열기구 등을 통틀어 '항공기'라고 칭함.

'비행기'는 연소 가스를 내뿜는 힘에 의해 생기는 양력으로 하늘을 날아다니는 교통수단입니다. 양력은 물리학 용어인데, 운동 방향과 수직으로 작용하는 힘을 뜻하지요. 비행기는 날개에서 생기는 이 힘으로 공중을 날 수 있습니다. 과거에는 동력으로 프로펠러를 돌려 하늘을 나는 비행기도 많았지요.

최초의 비행기는 1903년 미국의 라이트 형제가 발명했습니다. 비행기의 종류에는 우리가 여행할 때 타는 여객기와 화물기를 비롯해 군사 작전에 이용하는 전투기, 재난을 방지하는 데 쓰이는 방제기 등이 있지요. 참고로, 비행기보다 항공기가 더 넓은 의미입니다. 항공기는 비행기를 포함해 헬리콥터, 글라이더, 비행선, 열기구 등을 모두 포함합니다.

02 경찰차

크 기
대부분 일반 승용차를 개조해서 제작함.

용 도
경찰관의 순찰, 현장 출동, 범인 검거, 범인 호송 등에 이용함.

참고 사항
경찰에서는 기동력을 높이고 경호 업무 등을 위해 '경찰오토바이'도 운행함.

　'경찰차'는 순찰, 현장 출동, 범인 검거, 범인 호송 같은 경찰관의 업무 수행을 위해 특별히 제작한 차량을 가리킵니다. 현재 우리나라에서 경찰관이 되려면 1종 보통 운전면허를 갖고 있어야 하지요. 그 이유는 오직 경찰관만이 경찰차를 운행할 수 있기 때문입니다.

　경찰차는 일반 차량과 다른 몇 가지 특징이 있습니다. 그중 하나는 범인으로 의심되는 사람의 도주를 방지하기 위해 차량 뒷자리는 안에서 문을 열지 못하게 해놓았지요. 또한 차량 지붕에 경광등을 설치하고 사이렌과 확성기, 무전 장치를 갖추었습니다. 운전하는 경찰관을 폭행하거나 방해하지 못하게 격벽을 설치해놓은 경우도 있지요. 차량 외부에는 누구나 쉽게 경찰차임을 알 수 있도록 눈에 띄게 도색을 해놓았고요.

03 자전거

크 기
남자 성인 기준 길이 190센티미터 안팎, 안장 높이 70센티미터 안팎 등.

용 도
사람의 두 다리 힘으로 바퀴를 돌려 움직이는 이동 장비.

참고 사항
사이클 선수들은 평균 시속 50킬로미터 이상의 속도를 내기도 함.

　'자전거'는 사람이 안장에 타고 앉아 두 다리의 힘으로 바퀴를 돌려 움직이는 이동 장비입니다. 양손으로 핸들을 잡고 두 발로 페달을 교대로 밟아 체인을 이용해 바퀴를 작동하게 되어 있지요. 바퀴는 대개 2개로 구성되어 있는데, 1개짜리 외발자전거나 3개짜리 세발자전거도 있습니다. 흔히 영어로 '사이클'이라고도 하지요.

　오늘날과 같은 자전거의 역사는 19세기 초부터 시작되었습니다. 우리나라에는 1890년대 후반 미국에서 돌아온 독립운동가 서재필이 처음 소개했다고 알려져 있지요. 한때 '자전차'라고도 불렸으나 지금은 자전거만 표준어로 인정합니다. 자전거는 에너지 효율이 매우 높은 탈 것으로, 시속 15~35킬로미터의 속력을 어렵지 않게 낼 수 있지요.

04
마차

크 기
몇 마리의 말이 끄는지에 따라, 그리고 바퀴 수에 따라 달라짐.

용 도
말의 힘으로 바퀴 달린 수레를 움직여 사람이나 화물을 운반함.

참고 사항
우리나라에서는 소나 말이 끄는 짐수레를 '달구지'라고도 함.

'마차'는 말이 끄는 수레를 가리킵니다. 오직 말의 힘으로 바퀴 달린 수레를 움직여 사람이나 화물을 운반하지요. 과거에 지금의 자동차 역할을 대신했던 탈 것입니다. 바퀴 수에 따라 2륜마차, 4륜마차 식으로 구분하지요. 각 지역의 거점 지역인 역을 주기적으로 경유하는 마차를 일컬어 '역마차'라고 부르기도 했습니다. 그 경우 4마리 정도의 말이 수레를 끌었는데, 시속 10킬로미터 이상의 속도로 하루에만 100킬로미터 넘게 이동할 수 있었지요.

마차는 고대부터 동서양에 모두 존재했던 전통적인 교통수단입니다. 산업혁명 때 증기기관이 등장하기 전까지 가장 효율적인 이동 수단이자 운송 수단이었지요. 제1차 세계 대전까지만 해도 군수 물자 수송 등을 위해 대량의 마차를 동원했을 정도입니다.

05
패러글라이더

크 기
패러글라이더의 총 무게는 12~22킬로그램 정도.

용 도
사람이 바람을 이용해 공중에서 날 수 있게 설계한 비행 장비.

참고 사항
25도 정도의 경사지에, 초속 1~6미터의 풍속이 이륙에 적합함.

 '패러글라이더'는 사람이 바람을 이용해 공중에서 날 수 있도록 설계된 가벼운 비행 장비입니다. 대개 나일론 같은 가벼운 소재로 날개를 제작해 하늘을 비행하는 데 이용하지요. 낙하산을 새의 날개 형태로 만들었다고 생각하면 이해하기 쉽습니다. 패러글라이더를 이용해 활공하는 스포츠를 일컬어 '패러글라이딩'이라고 하지요.

 패러글라이더는 크게 날개 역할을 하는 캐노피, 여러 안전장치를 갖춘 좌석 하네스, 그리고 캐노피와 하네스를 잇는 줄로 구성되어 있습니다. 캐노피의 규격은 길이 8~12미터, 무게는 3~7킬로그램 정도지요. 하네스에는 보조낙하산이 연결되어 있는 경우가 많습니다. 아울러 착륙 시 충격을 줄이기 위해 등받이 뒤에 폼이나 에어백 보호 장치를 마련해두었지요.

06 케이블카

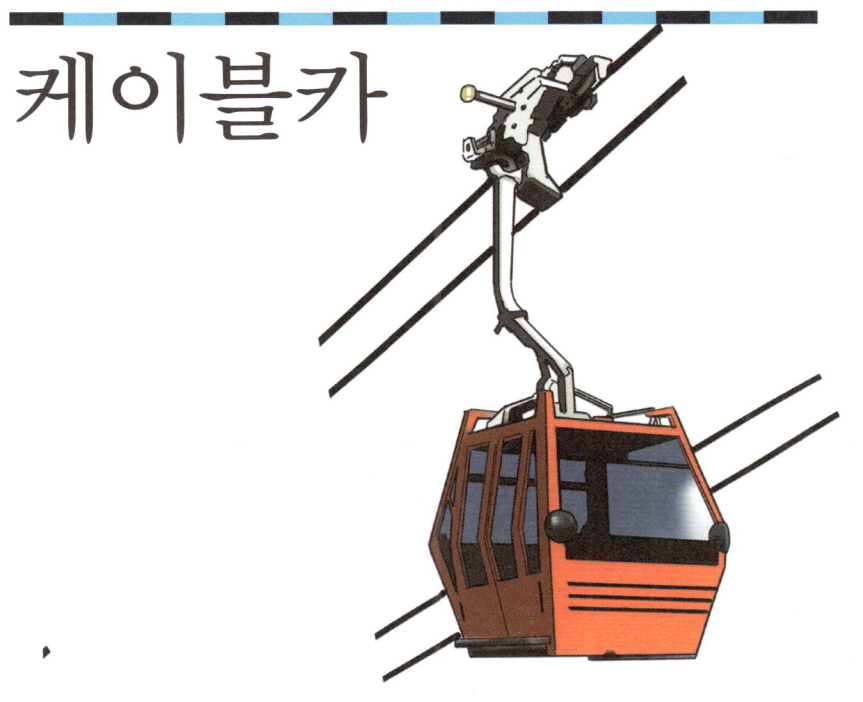

크 기
캐빈 한 대 길이 2.7미터, 너비 2미터 안팎. 최대 속도 초속 5~6미터.

용 도
케이블을 이용해 사람이나 화물을 운반기기로 이동시킴.

참고 사항
개방형 의자 형태의 케이블 운반기기는 '리프트'라고 함.

　'케이블카'는 공중에 장치한 밧줄을 이용해 사람이나 화물을 운반기기(캐빈)로 이동시키는 교통수단입니다. 운반기기는 대개 차량 형태인 경우가 많지요. 그래야 한 번에 다수의 사람이나 대량의 화물을 안전하게 이동시킬 수 있으니까요. 운반기기를 지탱하는 밧줄, 즉 케이블은 특수 섬유나 금속 소재로 제작합니다.

　케이블카는 자동차나 철도와 달리 지면에 의존하지 않고 사람과 화물을 운송한다는 특징이 있습니다. 따라서 산악 지대처럼 지면을 이용한 교통 시설을 만들기 어려운 곳에 적합하지요. 보통 고산 지대 입구에서 정상을 잇는 노선이 많으며, 바다 위를 이동하는 해상 케이블카도 드물지 않습니다. 서울의 남산 케이블카가 우리나라 최초의 여객용 케이블카지요.

07 캠핑카

크 기
대형 캠핑카의 경우, 길이 15미터에 너비 5미터 정도.

용 도
주거와 생활을 위한 각종 설비를 갖춰 캠핑에 적합함.

참고 사항
'캠핑'은 야외 또는 자연 환경에서 숙식을 해결하는 행위를 의미함.

 '캠핑카'는 '캠퍼밴'이라고도 합니다. 밴은 지붕이 고정되어 뒤에 화물칸이 있는 차량을 가리키지요. 그러므로 캠퍼밴이라고 하면 캠핑하는 사람을 위한 밴이라는 뜻입니다. 한마디로 내부에 주거와 생활을 위한 각종 설비를 갖춘 차량을 캠핑카라고 하는 것이지요. 영어권 국가에서는 주로 캠퍼밴 또는 '캐러밴'이라고 합니다.

 캠핑카는 국토가 넓은 미국과 캐나다, 오스트레일리아 같은 곳에서 큰 인기를 끌어 왔습니다. 우리나라에서도 최근 들어 캠핑 문화가 발달하면서 대중적인 관심을 불러일으키고 있지요. 대형 캠핑카의 경우, 버스나 컨테이너트럭을 개조하면 길이 15미터에 너비 5미터 정도의 공간 확보가 가능합니다. 그런 차량 안에는 주방, 욕실, 침실, 거실 등을 두루 갖출 수 있지요.

08

거북선

크 기
길이 34미터, 너비 9미터 안팎.

용 도
해전에 동원했던 전투용 선박.

참고 사항
거북선 1척에는 병사 약 150명이 승선하며, 80~90명의 노군이 있었음.

　한자어로 '귀선'이라고도 하는 '거북선'은 조선 수군에서 개발해 사용했던 군함입니다. 해전에서 승리하기 위해 만들었던 전투용 선박이지요. 당시 조선 수군은 노를 젓는 노군을 1층, 전투병을 2층에 배치한 '판옥선'을 주력으로 삼아 왜군을 제압했습니다. 그런데 거북선은 그보다 한 단계 더 진화한 군함이지요. 조선 수군 지휘관 이순신이 임진왜란 직전에 개량하여 사천 해전에 처음 출전한 이래 승전을 거듭했습니다.

　이순신의 거북선은 14문의 대포를 장착하고 용머리에서도 화포를 발사했습니다. 일본 쪽 기록물에는 철갑선이라는 내용도 있지요. 그 형태는 학설에 따라 2층 구조물, 또는 3층 구조물이었다는 주장이 두루 나와 있습니다. 거북선은 조선 후기까지 우리의 바다를 지키는 군함으로 이용됐지요.

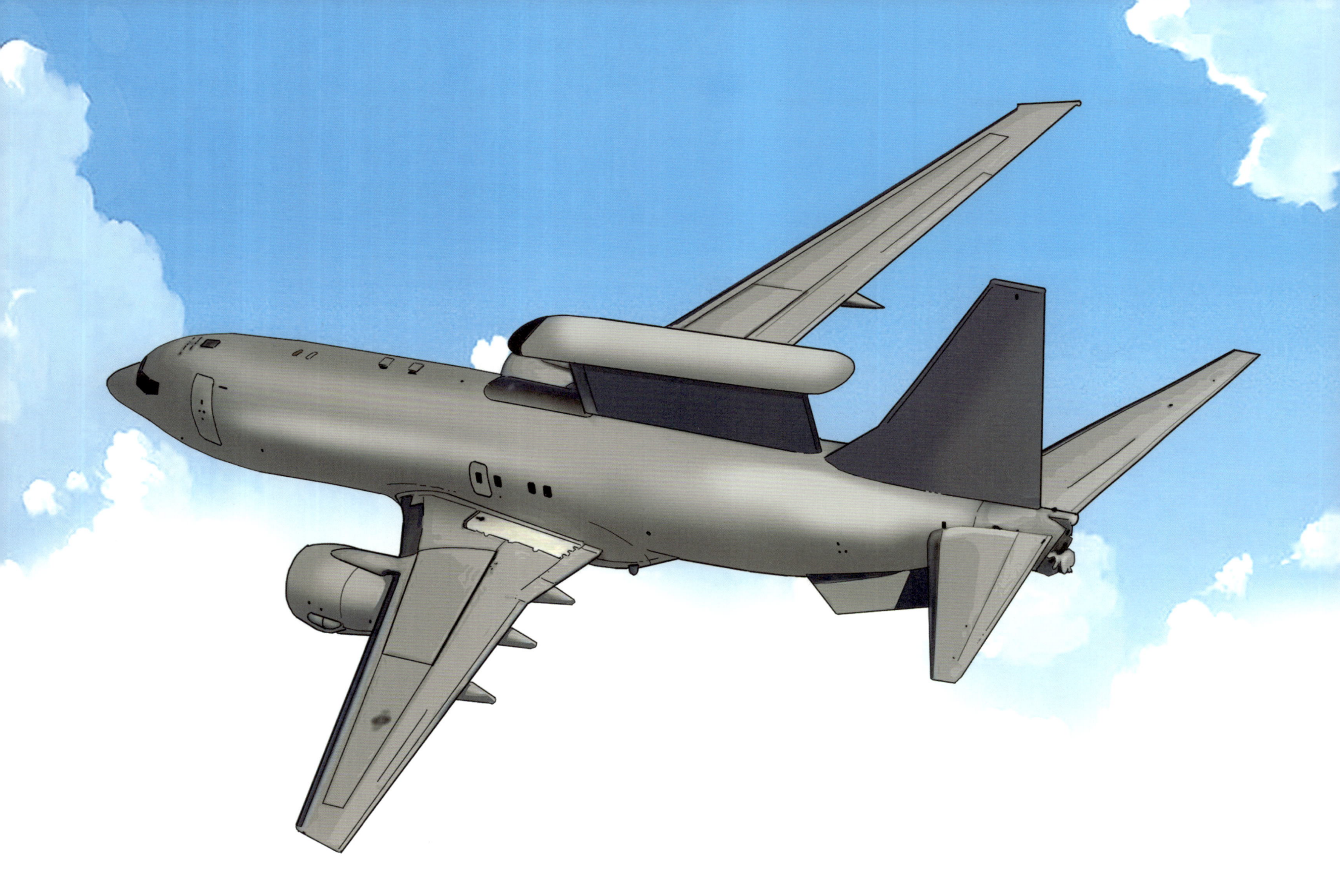

09 정찰기

크 기
국산 무인정찰기 '송골매'의 경우 길이 4.6미터, 폭 6.4미터. 무게 215킬로그램.

용 도
공중에서 적군의 작전 상황이나 기반 시설 등을 살피는 데 이용함.

참고 사항
군사용 '드론'도 일종의 무인정찰기라고 할 수 있음.

'정찰기'는 군용기 중 하나입니다. 공중에서 적군의 작전 상황이나 교통, 기반 시설 등을 살피는 데 이용하지요. 단지 전쟁 때뿐만 아니라 평상시에도 정보 확보 차원에서 중요한 임무를 맡는 항공기입니다. 레이더와 고해상도 사진 촬영 장비 등 특수 정찰 기능을 갖추고 있으며, 비행 속도가 빠르다는 특징이 있습니다. 그에 비해 전투기처럼 특별히 공격용 무기는 장착하지 않는 경우가 많지요.

미국의 첨단 정찰기는 2만4,000미터가 넘는 고도를 시속 3마하 이상의 속도로 비행하면서 1시간에 26만 제곱킬로미터 지역을 촬영할 수 있다고 합니다. 1마하는 시속 1,224킬로미터에 해당하지요. 최근에는 조종사 없는 무인정찰기도 발달해 큰 역할을 하고 있습니다.

10 호버크래프트

크 기
소규모 개인용부터 160톤급 이상 선박도 있음.

용 도
여객 수송과 화물 운반을 비롯해 군사용, 레저용으로도 이용함.

참고 사항
1959년, 영국 브리티시 호버크래프트사가 본격적인 생산을 시작함.

'호버크래프트'는 우리말로 '공기부양정'이라고 합니다. 배의 밑바닥에서 세차게 나오는 바람에 의해 선체가 뜨게 한 다음 추진력과 프로펠러를 이용해 전진하는 선박이지요. 에어쿠션으로 물 위를 약간 떠서 이동하는 형태라 '에어쿠션선'이라고도 합니다.

그런데 호버크래프트는 단지 물 위에서만 내달릴 수 있는 것이 아니라 육지에서도 이동이 가능한 수륙 양용입니다. 강이나 바다를 비롯해 초원이나 진흙밭, 백사장, 빙판, 도로 등에서도 주행이 가능한 것이지요.

그 밖에도 호버크래프트의 장점은 더 있습니다. 일반적인 배에 비해 속도가 2~5배 빠르고, 항만에 특별한 설비를 필요로 하지 않지요. 대형화도 충분히 가능합니다.

11 배

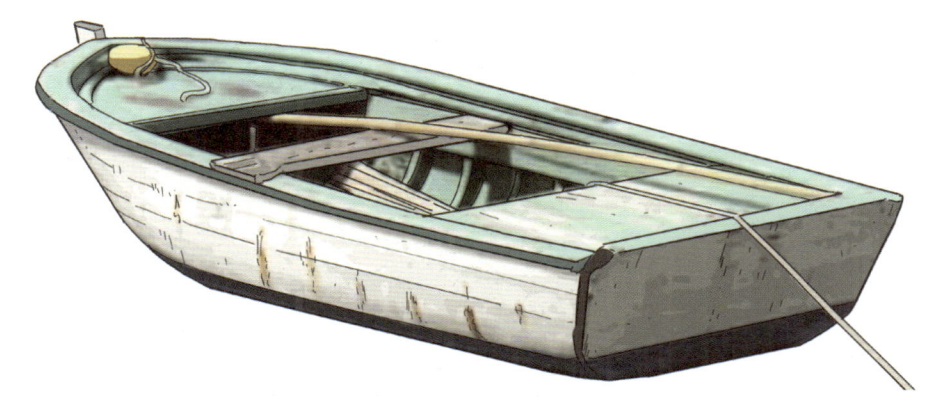

크 기
개인용 보트부터 대형 컨테이너선까지 다양한 크기가 있음.

용 도
교통, 어업, 운송, 레저, 군사 무기 등 다양한 용도로 쓰임.

참고 사항
부력이란, 물체가 밀어낸 물의 무게만큼 위쪽으로 힘이 작용하여 물체를 뜰 수 있게 하는 힘을 말함.

물에 떠서 사람이나 화물 등을 이동시키는 구조물을 '배'라고 합니다. 다른 말로 '선박'이라고도 하지요. 오늘날 배는 교통과 운송 수단, 레저 기구, 군사 무기 등 다양한 용도로 이용되고 있습니다. 그와 같은 쓰임새에 따라 상선, 어선, 군함, 여객선, 화물선, 유조선, 준설선, 쇄빙선 등으로 분류하지요. 또한 배를 만드는 재질에 따라 목선, 콘크리트선, 철선, 강선 등으로 구분하기도 합니다. 강선은 강철로 만든 배를 가리키지요.

배는 항공기나 자동차와 달리 물의 부력을 이용합니다. 따라서 같은 속도로 같은 양의 무게를 운반할 때, 배는 항공기나 자동차에 비해 에너지 소모가 적다는 장점이 있지요. 그래서 지금도 무거운 짐을 장거리 수송할 경우 해상 운송을 이용하는 경우가 많습니다.

12 소방차

크 기
대형 펌프차의 경우 길이 8.5미터, 폭 2.5미터. 물탱크 용량 4,500리터 이상.

용 도
화재 진압 및 인명 구조에 이용함.

참고 사항
수상 화재 진압에 이용하는 배를 '소방정'이라고 함.

    화재를 예방하고 진압하는 역할을 신속하게 수행할 때 사용하는 차량을 '소방차'라고 합니다. 여기에는 불을 끌 수 있는 장비와 인명 구조 장비가 장착되어 있지요. 물과 화재 진압용 화학 물질을 비롯해 부상자를 응급 처치하고 이송할 수 있는 다양한 기기를 탑재하고 있습니다. 그런데 그와 같은 기능을 한 대의 차가 모두 갖춘 것은 아니고, 맡은 역할이 서로 다른 여러 종류의 차량을 모두 소방차라고 부르지요.

    소방차는 역할에 따라 지휘차, 펌프차, 물탱크차, 사다리차, 화학차, 구급차 등으로 분류합니다. 이 가운데 펌프차는 화재 진압에 가장 기본적인 차량으로 물탱크와 펌프, 사다리 등이 장착되어 있지요. 보통 소방관 2~5명이 한 조를 이루어 펌프차를 타고 출동합니다.

13 헬리콥터

크 기
소방용 헬리콥터의 경우 길이 13미터, 높이 4미터 안팎. 시속 146킬로미터 내외.

용 도
인력 수송 및 소방용, 군사용 등으로 이용함.

참고 사항
헬리콥터는 고정익기와 비교해 속도가 느리고 연료 소모가 큰 단점이 있음.

　회전 날개를 기관으로 돌려서 생기는 양력과 추진력을 이용해 하늘을 나는 항공기를 '헬리콥터'라고 합니다. 물리학 용어인 양력은 운동 방향과 수직으로 작용하는 힘을 뜻하지요. 헬리콥터는 여느 항공기와 달리 수직 이착륙과 공중 정지가 가능합니다. 또한 회전 날개의 각도를 조정하여 전진과 후진, 양옆으로 이동하는 횡진을 자유롭게 할 수 있습니다.

　헬리콥터는 흔히 줄임말로 '헬기'라고 합니다. 일반적인 비행기를 '고정익기'라고 하는 데 비해 '회전익기'라고도 하지요. 회전익기란, 말 그대로 날개가 회전하는 항공기라는 의미입니다. 그래서 기다란 활주로가 필요 없이 제자리에서 공중에 떠오를 수 있지요. 그와 같은 특징을 살려 소방용이나 군사용 등 일반 비행기의 접근이 어려운 여러 역할에 사용됩니다.

14
청소차

크기
대개 5~8톤 정도의 트럭을 개조해 사용함.

용도
생활쓰레기, 오물, 분뇨, 도로 위 먼지, 낙엽 따위를 청소함.

참고 사항
집게차는 고철, 폐지, 재활용 쓰레기 등을 수거하는 데 이용함.

　'청소차'로 정의되는 차량은 다양합니다. 생활쓰레기나 오물, 분뇨 따위를 치워가는 차를 비롯해 도로의 먼지나 낙엽 따위를 흡입해 청소하게 만든 차량도 청소차라고 할 수 있지요. 그러니까 쓰레기를 치우는 모든 트럭을 '청소차'라고 부르는 것입니다. 청소차는 특장차에 속합니다. 특장차는 특수용도차라고 해서, 그 일에 꼭 필요한 장비를 갖추고 맞춤 용도로 이용하는 차량을 가리키지요.

　청소차의 종류에는 여러 가지가 있습니다. 그 역할에 따라 도로청소차, 음식물수거차, 분뇨수거차, 하수구청소차 등으로 분류할 수 있지요. 또한 트럭의 형태에 따라 진개트럭, 암롤트럭, 집게차 등으로 구분하는 것도 가능합니다. 트럭의 중량은 대개 5~8톤 정도지요.

15

택시

크 기
개인택시나 법인택시는 배기량 1,600cc 이상 차량을 이용함.

용 도
정해진 노선이 없는 대중교통의 한 가지.

참고 사항
주로 3,000cc 이상의 세단을 이용해 고급 서비스를 하는 '모범택시'가 있음.

'택시'는 요금이 자동적으로 표시되는 미터기를 장착한 영업용 자동차를 가리킵니다. 택시는 다른 대중교통 수단인 버스나 열차와 달리 정해진 노선이 없고 시간과 거리에 따라 요금을 정하지요. 어디든 손님이 원하는 곳으로 운행하며, 그에 비례해 법률로 정한 요금을 지불받는다는 말입니다. 영어권 국가에서는 택시를 '캡(cab)'이라고 부르기도 하지요.

우리나라에서 택시는 일정한 자격을 갖추고 정해진 교육을 받아야만 운행할 수 있습니다. 그 종류는 흔히 택시 회사에서 운영하는 '법인택시'와 기사 개인이 관리하는 '개인택시'로 구분하지요. 모든 수입을 갖는 대신 차량 구입비와 유류비 등을 기사가 부담하는 것이 개인택시라면, 법인택시 기사들은 수입을 회사에서 정산해 그 일부를 지불받습니다.

16 모노레일

크 기
객실 차량의 수에 따라 다름.

용 도
선로가 한 가닥인 철도를 이용해 사람과 화물을 운반함.

참고 사항
1901년 독일에서 세계 최초의 여객용 모노레일을 선보임.

일반 철도와 달리 선로가 한 가닥인 철도를 '모노레일'이라고 합니다. '모노'가 다름 아닌 '하나'라는 뜻이지요. 모노레일은 높은 지주 위에 콘크리트 빔을 설치하고, 그것을 선로 삼아 바퀴를 장착한 차량이 주행하는 것입니다. 마치 고가도로 같은 높은 곳을 달리기 때문에 다른 교통수단의 방해를 받지 않는다는 장점이 있지요.

그 밖에 모노레일은 2개의 레일 위를 강철 바퀴를 가진 차량이 주행하는 일반 철도에 비해 건설비가 싸다는 것도 장점입니다. 아울러 복잡한 구간에도 쉽게 설치할 수 있지요. 모노레일은 두 종류가 있는데, 레일에 차체가 매달려 달리는 방식을 '현수식모노레일'이라고 합니다. 다른 하나는 차체가 레일 위를 구르는 방식인 '과좌식모노레일'이고요.

17 스쿠터

크 기
배기량 기준 50~600cc.

용 도
주로 출퇴근, 통학, 배달 등의 용도로 사용함.

참고 사항
보통 배기량 250cc 이상을 '맥시스쿠터(빅스쿠터)'라고 함.

'스쿠터'는 오토바이의 한 종류입니다. 바퀴의 지름이 일반적인 오토바이보다 작고, 50~600cc 정도 되는 소형 기관을 좌석 아래에 장착한 형태지요. 주변에서 흔히 보게 되는 스쿠터는 125cc 이하 소형 모델이 대부분입니다.

스쿠터는 클러치나 기어 조작 없이 누구나 편리하게 운행할 수 있다는 장점이 있습니다. 500cc가 넘는 대형 모델도 있지만, 배기량에 상관없이 모두 자동 기어를 사용하지요. 오른쪽 손잡이를 비틀어 앞으로 나가는 것 외에 나머지 운전 방법은 자전거와 비슷합니다. 스쿠터는 비록 장거리 고속 주행용으로 적합하지 않지만, 연비가 좋아 경제성이 뛰어나기 때문에 출퇴근과 통학, 배달 등의 용도로 사용하기 좋습니다.

18 요트

크 기
대부분 6~30미터 정도. 34미터 이상은 '메가요트'라고 함.

용 도
돛에 바람의 힘과 방향을 조절하면서 즐기는 여가용 배.

참고 사항
돛과 5마력 이상의 엔진이 있는 요트는 조종 면허가 필요함.

'요트'는 작은 여가용 배, 즉 레크리에이션 보트라고 할 수 있습니다. 주로 레저와 스포츠의 목적을 가진다는 점에서 다른 배들과 구별되지요. 모양이나 크기, 모터 장착 여부 등에 따라 차이가 있지만 속도가 비교적 빠른 선박입니다.

거의 모든 요트는 모터 장착 여부와 상관없이 돛을 이용해 풍력을 동력으로 삼습니다. 모터가 있으면 특별히 '모터요트'라고 부르기는 하지요. 그 경우 돛에 바람을 받아 운항하는 것은 '세일링요트'라고 하고요. 아무튼 요트는 기본적으로 바람만 있으면 계절에 상관없이 운항을 즐기는 것이 가능하며, 물 위에서 바람의 힘과 방향을 조절하면서 스피드를 만끽할 수 있습니다. 요트 경주는 올림픽과 아시안게임의 정식 종목이기도 하지요.

19 잠수함

크 기
56~170미터 길이까지 다양함.

용 도
공격형 잠수함은 물속으로 잠항해 어뢰와 미사일로 적을 공격함.

참고 사항
원자로를 동력으로 사용하는 '핵잠수함'도 있음.

'잠수함'은 물속으로 잠항할 수 있는 선박을 말합니다. 잠항이란, 물속에 숨어서 나아간다는 뜻이지요. 그에 빗대어 잠수함과 달리 물 위에 떠서 운항하는 배는 '수상함'이라고 합니다. 크기가 작은 잠수함을 구별해 '잠수정'이라고도 하고요.

잠수함은 주로 군사용으로 이용됩니다. 공격형 잠수함은 어뢰와 미사일로 무장해 적의 선박을 공격하지요. 물속으로 잠항하는 탓에 가까이 접근하는 것을 적이 쉽게 알아채지 못합니다. 그 밖에 적의 잠수함을 공격하기 위해 만든 '대잠잠수함'과 병사나 연료 등을 수송하는 데 쓰이는 '수송잠수함'도 있지요. 잠수함의 선체는 수압에 견딜 수 있도록 이중으로 만듭니다. 갑판에 세운 세일이라는 가늘고 긴 구조물에는 잠망경과 레이더 등이 설치되어 있지요.

20 고속열차

크 기
객실 차량의 수에 따라 다름.

용 도
시속 200킬로미터 이상으로 승객을 이동시킴.

참고 사항
고속철도의 단점 중 하나는 건설비와 유지비가 많이 필요함.

　고속철도를 이용해 시속 200킬로미터 이상으로 내달리는 기차를 '고속열차'라고 합니다. 기술적으로는 시속 300킬로미터 넘게 달릴 수 있다고 하지요. 고속열차는 1964년 일본에서 신칸센이라는 이름으로 처음 개통되었습니다. 우리나라에서도 2004년 4월 1일 한국고속철도(KTX)가 운행을 시작해 오늘에 이르고 있지요.

　고속철도의 장점이라면 뭐니 뭐니 해도 매우 빠른 속도입니다. 과거에는 반나절이나 걸리던 거리를 2시간 안팎으로 단축해 생활의 편리성을 높였지요. 또한 여느 기차처럼 날씨에 크게 구애받지 않고 한꺼번에 많은 승객을 이동시킬 수 있습니다. 현재 우리나라 고속열차는 한 번에 400~800명 정도의 승객이 탑승하지요. 아울러 탄소배출량도 낮은 교통수단이라고 합니다.

21 기차

크 기
객실 차량의 수에 따라 다름.

용 도
기관차의 인도로 철로를 이용해 여객이나 화물을 대량으로 이동시킴.

참고 사항
우리나라의 첫 기차는 1896년(고종 33년) 개통됨.

    기관차를 이용해 여객차나 화차를 끌고 다니는 철도 차량을 일컬어 '기차'라고 합니다. 과거 증기기관을 시작으로 디젤기관과 전기기관 등을 동력 삼아 운행하지요. 교통수단으로서 기차는 무엇보다 사람이나 화물을 육상으로 대량 수송할 수 있다는 장점이 있습니다. 아무리 큰 트럭이라고 해도 기차에 견주기는 어렵지요.

    또한 기차는 도로나 바다를 이용하는 교통수단과 달리 날씨의 영향을 거의 받지 않습니다. 자동차처럼 교통 체증이 발생할 염려도 없고요. 석유 같은 화석연료 소모 역시 적어 환경에 끼치는 나쁜 영향이 상대적으로 적기도 합니다. 다만 초기 건설 비용이 많이 들고, 자동차나 트럭에 비해 사람들의 접근성이 떨어진다는 단점이 있지요. 기차역까지 가야 하니까요.

22 구급차

크 기
주로 6~15인승 승합차를 이용해 제작함.

용 도
위급한 환자나 부상자를 신속하게 병원으로 실어 나르는 역할을 함.

참고 사항
일반 구급차는 녹색 띠, 특수 구급차는 적색 띠로 표시함.

위급한 환자나 부상자를 신속하게 병원으로 실어 나르는 차량을 '구급차'라고 합니다. '앰뷸런스' 또는 '응급차'라고도 하지요.

구급차에는 응급 처치를 할 수 있는 공간이 확보되어 있습니다. 환자가 누울 수 있는 침대와 각종 의료기구, 의약품 등을 비치해 놓았지요. 우리나라의 응급 의료에 관한 법률에 따르면, 구급차에는 응급구조사 1명 이상을 포함한 2명 이상의 인원이 탑승해 환자를 이송해야 합니다. 구급차는 주로 소방서나 119안전센터에서 운영하지요.

구급차는 일반 구급차와 특수 구급차로 구분합니다. 모든 구급차에 외상 처치 장비와 산소호흡기 등이 있지만, 특수 구급차는 더욱 전문적인 장비와 응급의약품을 갖추고 있지요.

23
열기구

크 기
기낭 부피 7만 4,000세제곱미터(㎥)까지 있음.

용 도
사람을 태우고 공기의 온도 차를 이용해 비행함.

참고 사항
프로펠러 등의 추진 장치를 달고 비행하는 열기구는 '열비행선'이라고 함.

　'열기구'는 기구 속의 공기를 가열해 팽창시켜, 바깥 공기와 비중의 차이로 떠오르게 만든 기구를 말합니다. 더운 공기는 차가운 공기보다 비중이 작기 때문에 가볍지요. 그러므로 기구가 대기 중에서 상승 작용을 하게 됩니다. 하늘로 떠오른 열기구는 바람의 흐름을 따라 추진력을 얻어 공중 비행을 하게 되지요.

　열기구는 대기보다 가벼운 공기로 채워진 커다란 기낭과 사람이 탑승하는 바구니 또는 곤돌라로 구성되어 있습니다. 그 역사는 프랑스에서 시작되었지요. 1873년 파리에서 몽골피에 형제가 세계 최초로 지상에 매인 밧줄 없이 유인 열기구 비행에 성공했습니다. 그것은 인류가 비행 기술을 실제로 실현한 첫 번째 사례였지요.

24
급유차

크 기
항공기급유차의 경우 탱크 용량 5천~4만 리터로 다양함.

용 도
기름을 필요로 하는 차량이 있는 곳으로 직접 가서 급유함.

참고 사항
항공유를 급유하는 직업을 '항공기급유원'이라고 함.

'급유차'는 한마디로 기름을 실어 나르는 차를 가리킵니다. '주유차'라고도 하지요. 급유차는 특수 차량 중 하나입니다.

일상생활에서 기름을 넣으려는 차는 주유소에 가게 됩니다. 그래서 급유차는 사회보다 군부대에서 이용하는 경우가 많지요. 그중에서도 비행단이나 유류보급대대, 공병대대에 배속됩니다. 예를 들어 작전 중인 헬리콥터나 전차 등에 기름을 넣으려면 그 무기들이 주유 시설이 있는 부대로 돌아오기보다 급유차를 이용하는 편이 훨씬 효율적이지요.

그래서 군부대에는 특별히 '특수차량운전병'이라는 보직이 있습니다. 그들은 대형버스 군 운전면허를 취득하고 나서 항공기 급유차 운전병 등으로 활동하지요.

25 이층버스

크 기
차체의 길이는 일반 버스와 같고, 높이가 2배임.

용 도
관광용 또는 도시의 교통수단으로 이용함.

참고 사항
영국의 영향을 받은 홍콩에도 이층버스가 매우 활성화됨.

    2층 구조로 되어 있으며, 2층에도 객석을 가진 버스를 '이층버스'라고 합니다. 2층에 타면 주변 풍경이 잘 보이기 때문에 주로 대도시에서 관광용으로 운행하지요. 하지만 유럽의 영국처럼 이층버스를 처음 창안해 보편적으로 이용하는 국가가 있고, 우리나라 역시 1991년에 처음 이층버스를 도입했습니다. 지금도 경기도 등 일부 지방자치단체에서 좌석 버스 형태로 이층버스를 운행하고 있지요.

    이층버스는 단층 버스에 비해 더 많은 승객을 태우는 장점이 있습니다. 그러나 차량의 높이 때문에 낮게 설치된 시설물을 통과하기 어렵고, 교통사고 발생 시 인명 피해가 커진다는 단점을 가졌지요. 무게중심이 높아 곡선 도로가 많으면 운전하기 까다로운 점도 있고요.

26 여객선

크 기
소규모부터 길이 290미터, 무게 6만6,000톤이 넘는 것까지 다양함.

용 도
강이나 바다 위로 여행객을 태워 나르는 데 이용됨.

참고 사항
여객과 화물, 자동차를 함께 수송하는 여객선을 '카페리'라고 함.

    여행하는 사람을 한자어로 '여객'이라고 합니다. '여객선'은 그런 여행객을 태워 나르는 배를 가리키지요. 우리나라 법률에서는 13명 이상의 여객이 탑승하는 선박을 여객선이라고 규정합니다. 탑승자들은 정해진 운임을 지불하고 해상 운송 서비스를 제공받지요.

    그런데 여객선이 항상 여객만을 운송하는 선박을 의미하는 것은 아닙니다. 여객과 화물을 같이 운송할 수 있도록 건조된 선박도 많지요. 보통 여객선은 빠른 속도가 요구되므로 출력이 큰 기관을 사용하는 특징이 있습니다.

    여객선 중에는 호화 유람선도 있습니다. 그 선박은 '크루즈'라고 불리는데, 선체가 몇 층의 갑판으로 이루어져 있으며 식당과 영화관 같은 다양한 편의시설을 갖추었지요.

27
산악자전거

크 기
일반 자전거와 비슷함.

용 도
산악 지대 같은 험한 지형에서 원활히 이동할 수 있음.

참고 사항
산악자전거는 오프로드용 굵은 타이어를 사용함.

　사람이 안장에 타고 앉아 두 다리의 힘으로 바퀴를 돌려 움직이는 이동 장비를 자전거라고 합니다. 자전거는 몇 가지 종류로 구분되는데, 그중 하나가 '산악자전거'입니다. 영어로는 '마운틴바이시클'이라고 하는데, 흔히 이니셜만으로 '엠티비(MTB)'라고 하지요.

　산악자전거는 일반 자전거와 달리 험한 지형에서 원활히 작동하도록 프레임 같은 장치와 부품 등이 최적화되어 있습니다. 그래서 바위와 나무뿌리, 굴곡진 경사길 등으로 이어진 산길을 거침없이 내달리는 것이 가능하지요. 차체가 튼튼해 어지간한 충돌에는 파손되지 않으며, 충격을 흡수하는 안전장치가 있기 때문입니다. 산악자전거를 이용한 스포츠 종목으로는 거친 산길을 달리는 '크로스컨트리'와 내리막길을 달려 순위를 가르는 '다운힐'이 있습니다.

28
보트

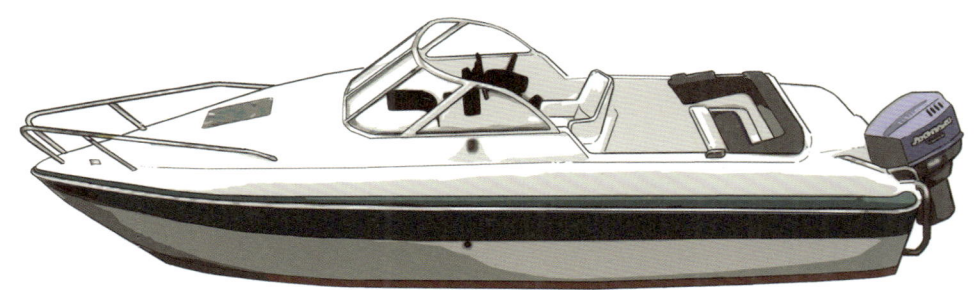

크 기
우리나라에서는 대개 10인승 미만의 작은 배를 의미함.

용 도
물 위에서 노를 젓거나 모터를 동력으로 이동함.

참고 사항
유원지의 오리배는 '페달보트'라고 함.

'보트'는 노를 젓거나 모터를 동력으로 이동하는 서양식 작은 배를 가리킵니다. 주로 연안이나 강, 하천 등에서 사용하며 대형 선박에 구명용이나 상륙용으로 실려 있기도 하지요. 우리는 흔히 보트 하면 대개 10인승 미만의 작은 배를 떠올리지만 서양에서는 500톤급 미만의 배를 보트라고 일컫기도 합니다. 영어로는 500톤급 배를 기준으로 그 이상은 쉽(ship), 그 미만은 보트라고 부르기도 하거든요.

보트는 동력이나 재질에 따라 몇 가지 종류로 구분합니다. 노를 저어 움직이는 것은 '단정'이라고 하며, 풍력에 의해 추진하는 것은 '요트', 항공 프로펠러로 나아가는 것은 '에어보트'라고 하지요. 그 밖에 재질에 따라 '고무보트', '알루미늄보트', '캔버스보트' 등이 있습니다.

29 레이싱카

크 기
차량 무게 800킬로그램~1톤 정도.

용 도
자동차 속도 경기에 이용함.

참고 사항
포뮬러카는 1인승으로 4개의 바퀴가 노출되어 있어야 함.

    속도 경기를 목적으로 제작한 자동차를 '레이싱카'라고 합니다. 이 자동차는 매우 빠른 속도로 달리기 때문에 제동력과 내구성이 뛰어나야 하지요. 운전자가 자신의 의지대로 신속히 자동차를 작동할 수 있게 운전 편의성도 탁월해야 합니다. 레이싱카의 차량 높이가 낮은 이유도 그와 같은 조종성을 향상시키기 위한 것이지요.

    그런데 레이싱카가 공정한 경주를 하려면 엔진의 배기량과 자동차의 중량 등에 관해 일정한 규정을 마련해야 합니다. 그런 엄격한 규칙에 따라 개발된 자동차를 특별히 '포뮬러카'라고 부르지요. 원래 '포뮬러'가 규칙을 뜻하는 단어입니다. 포뮬러카를 대상으로 하는 경주는 '포뮬러레이싱'이라고 합니다.

30
달착륙선

크 기
높이 10미터, 직경 7.6미터, 무게 45톤 안팎.

용 도
달 표면에 착륙시켜 탐사할 목적으로 개발함.

참고 사항
대한민국도 우주항공청에서 달착륙선 개발에 나서고 있음.

 '달착륙선'이란 달 표면에 착륙시킬 목적으로 개발한 탐사선을 말합니다. 거기에는 우주인이 탑승할 수도 있고 무인 우주선일 수도 있지요. 달착륙선은 달 표면에 착륙하기 위한 하강 로켓과 달 표면에서 이륙하기 위한 상승 로켓을 장착한 형태입니다. 탐사를 마친 후에는 상승부만 이륙하며, 발사대로 삼는 하강부는 달에 남겨두게 되지요.

 달착륙선은 대체로 4명의 우주인이 달에서 7일 정도 머물 수 있게 설계합니다. 1969년 미국에서 최초로 달 착륙에 성공했을 때 탐사선의 무게는 16.5톤이었지요. 높이는 7미터, 직경은 5미터였고요. 그런데 최근 각국에서 개발하고 있는 달착륙선의 무게는 45톤 안팎에 달합니다. 높이는 10미터, 기본 직경은 7.6미터 안팎에 이르지요.

31 자동차

크 기
용도에 따라 다양한 크기로 생산함.

용 도
원동기를 동력으로 바퀴를 굴려 자유롭게 땅 위를 이동함.

참고 사항
1986년, 우리나라 최초로 미국에 자동차를 수출함.

　원동기를 동력으로 바퀴를 굴려서, 철길처럼 미리 설치해놓은 선에 의존하지 않고 땅 위를 움직이게 만든 차량을 '자동차'라고 합니다. 원동기는 자연계에 존재하는 에너지를 기계적 에너지로 바꾸는 장치를 일컫지요. 자동차는 엔진에서 만든 동력을 바퀴에 전달하여 승객이나 화물을 운반하게 됩니다. 대개 고무타이어를 바퀴로 장착하는 특징이 있지요.

　자동차는 승용차, 승합자동차, 화물자동차, 특수자동차, 이륜자동차로 분류할 수 있습니다. 1886년 벤츠 사에서 만든 가솔린 삼륜차가 현대적 자동차의 원조로 평가받지요. 가솔린 내연 기관이 자동차 산업의 발전을 빠르게 이끌었기 때문입니다. 우리나라에는 1903년 대한제국 때 처음 자동차가 들어와 황제의 전용차 등으로 이용됐습니다.

32

버스

크 기
시내버스 기준 길이 10~11미터, 폭 2.5미터, 높이 3.5미터 안팎.

용 도
미리 정해놓은 노선을 따라 한꺼번에 많은 승객을 이동시킴.

참고 사항
버스 원동기는 주로 대형차에 적합한 디젤엔진을 사용함.

　운임을 받고 정해진 노선을 따라 한꺼번에 많은 승객을 이동시키는 대형 승합자동차를 '버스'라고 합니다. 보통 수십 명에서, 외국에는 100명이 넘는 사람을 태울 수 있는 버스가 있지요. 버스는 시내버스, 시외버스, 관광버스, 고속버스, 공항버스 등으로 구분합니다. '모든 이를 위한'이라는 의미가 담겨 있는 라틴어 옴니부스에서 버스라는 명칭이 유래했지요.

　버스는 거주민이 많은 도시나 철도 교통이 발달하지 않은 지역에서 중요한 역할을 담당하는 대중교통입니다. 전철이 없고 택시도 드문 농어촌 지역에서는 버스가 주민들에게 꼭 필요한 교통수단이지요. 택시 등에 비해 상대적으로 이용 요금이 저렴한 장점도 있으니까요. 특히 우리나라는 버스 운행 시스템이 안정적이라 효과적인 이동 수단으로 자리 잡았습니다.

33 우주선

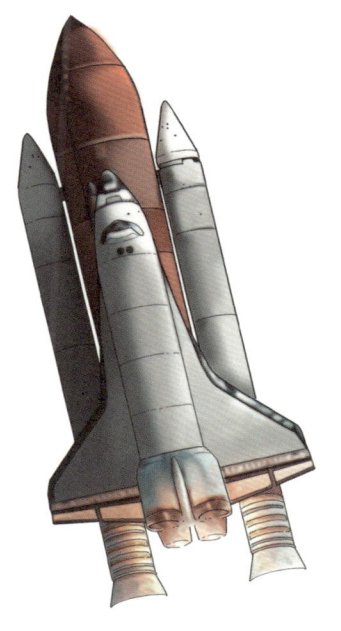

크 기
우주 공간에서 이용할 목적에 따라 다양한 크기로 제작함.

용 도
행성 탐사, 통신, 기상 관측, 내비게이션 등의 목적으로 쓰임.

참고 사항
유인 우주선 제작 기술은 미국, 러시아, 중국, 인도만 보유함.

　우주 공간을 비행하기 위해 첨단 과학을 동원해 제작한 물체를 '우주선'이라고 합니다. 넓은 의미로는 인공위성도 포함하지요. 유인 우주선의 경우 승무원들이 탑승해 일정 기간 무중력 상태에서 생활할 수 있는 내부 시설을 갖추고 있습니다. 승무원 없이 원격 조종하는 우주선은 보통 '우주탐사선'이라고 하지요.

　우주선은 공상과학 영화에 나오듯 행성 탐사에만 이용하는 것이 아닙니다. 우리의 일상생활에 도움이 되도록 통신과 기상 관측, 내비게이션 등의 용도로 폭넓게 이용하고 있지요. 아울러 머지않은 미래에는 우주 여행의 교통수단으로도 이용할 것이 틀림없습니다. 참고로, 인류 최초의 우주선은 구 소련이 1957년에 쏘아올렸던 스푸트니크 1호 인공위성이지요.

34 전투기

크 기
에프15(F-15)의 경우 길이 19.4미터, 폭 13미터, 최고 속도 마하 2.5 이상.

용 도
공대공, 공대지, 공대함 공격에 이용하는 군용기.

참고 사항
자기 나라 영공을 침입하는 적기를 공격할 때는 '요격기'라고도 함.

    공중전을 주 임무로 하는 민첩한 군용기를 말합니다. 다른 항공기를 공격하는 공중전뿐만 아니라 지상의 목표물을 타격하는 역할도 하지요. 지상에 폭탄을 투하할 때는 전폭기로 불리기도 합니다. 또한 바다에서 적의 선박에 미사일이나 기관포를 발사하는 등 공대함 공격도 전투기의 주요 임무 중 하나지요.

    현대식 전투기는 마하1~3의 속력으로 1만5,000~2만 미터 상공에서 비행하는 능력을 갖추었습니다. 또한 폭탄을 장착하거나 기관포와 미사일로 무장해 막강한 공격력을 과시하지요. 요즘은 첨단 장비를 이용해 적의 공격을 회피하거나 비행사의 조종 없이 자동 운항하는 기술도 선보입니다. 전투기는 전쟁 중 하늘을 지배하는 제공권 확보에 반드시 필요한 군사 무기지요.

35 스쿨버스

크 기
11~45인승까지 다양한 규격의 승합자동차를 이용함.

용 도
학생들의 통학 편의를 위해 운영함.

참고 사항
16인승 이상 스쿨버스를 운전하려면 1종 대형 운전면허가 필요함.

　미리 정해놓은 노선을 따라 한꺼번에 많은 승객을 이동시키는 대형 승합자동차를 버스라고 합니다. 그중 학생들의 통학 편의를 위해 운영하는 학교 버스를 '스쿨버스'라고 하지요. 우리나라에서는 유치원과 특수학교를 비롯해 일부 초등학교 및 중고등학교, 대학교에서 스쿨버스를 운행합니다. 보통 중고등학교나 대학교에서 운영하는 스쿨버스는 '통학버스'로 부르고, 유치원과 초등학교에서 운영하는 것은 '어린이보호차량'이라고 하지요.

　스쿨버스는 학교에서 직접 버스를 구입하기도 하지만, 대부분 관광버스 회사와 계약해 운영하는 경우가 많습니다. 거의 모든 곳에서 11인승 이상의 차량을 이용하지요. 유치원과 초등학교에서 운영하는 어린이보호차량은 차를 노란색으로 도색해 눈에 잘 띄게 합니다.

36 화물선

크 기
벌크선은 10만 톤 이상, 유조선은 50만 톤 이상 등.

용 도
한 번에 대량의 화물을 운반하는 데 이용하는 선박.

참고 사항
화물선과 여객선을 '상선'이라고도 함.

　명칭 그대로 화물을 실어 나르는 선박을 가리켜 '화물선'이라고 합니다. 화물선은 선창을 최대한 넓게 확보하고 효율적인 하역 설비를 갖춰 한 번에 대량의 화물을 운반하도록 설계하지요. 여기서 선창이란 화물을 적재하는 곳을 의미합니다. 선박의 항해사가 운항과 교신뿐만 아니라 화물의 선적 및 보관 상태를 통솔하지요.

　화물선의 종류에는 컨테이너선, 유조선, 가스운반선, 벌크선, 바지운반선 등이 있습니다. 이 가운데 벌크선은 석탄이나 광석을 포장하지 않은 채 그대로 싣고 운송하는 배를 가리킵니다. 바지운반선은 화물이 적재된 바지선을 통째로 실어 옮기는 화물선을 일컫고요. 바지선은 원양 항해가 불가능하기 때문에 화물선의 도움을 받는 것입니다.

증기기관차

크 기
최근 제작한 관광용 증기기관차의 경우 길이 21미터, 기관차 단독 무게 88.2톤.

용 도
19~20세기 중반까지 철도를 이용한 여객 및 화물 운송에 사용함.

참고 사항
기차에 관련된 의성어 '칙칙폭폭'이 증기기관차의 소리임.

'증기기관차'는 19세기 산업혁명 시대를 상징합니다. 오늘날에는 기차의 동력으로 디젤엔진이나 전기가 사용되지만 그때만 하더라도 증기기관이 이용되었습니다. 증기기관이란, 수증기의 팽창과 응축을 이용하여 피스톤을 왕복 운동시킴으로써 동력을 얻는 기관을 일컫지요. 증기기관차의 등장 이후 세계 각국에 철도 붐이 일었습니다.

증기기관차의 실용화에 처음 성공한 인물은 영국의 조지 스티븐슨이었습니다. 그가 개발한 증기기관차로 도시 간 여객 운송에 성공함으로써 본격적인 철도 시대가 개막되었지요. 우리나라에서는 1899년 경인선 철도 개통으로 최초의 증기기관차가 등장했습니다. 그 후 1967년까지 일부 지역에서 디젤엔진 기관차와 함께 증기기관차를 운행했지요.

38
카누

크 기
1인승부터 10인승 이상까지 다양함.

용 도
키 없이 노를 저어 이동하는 작은 배.

참고 사항
카누 경기는 1936년부터 올림픽 정식 종목으로 채택됨.

'카누'는 길고 폭이 좁은 형태의 보트입니다. 키는 없고, 노를 젓는 작은 배지요. 일찍이 신석기 시대부터 세계 여러 민족이 만들어 이용한 최초의 선박으로 나무껍질, 동물 가죽, 통나무 등으로 만들었습니다. 오늘날에는 고무나 가벼운 금속도 재료로 삼지요.

카누는 대부분 선수와 선미 끝이 모두 뾰족한 모습인데, 조종자가 배 안에 앉거나 무릎을 꿇은 자세로 외날 노를 저어 이동합니다. 내부 바닥의 중앙을 받치는 기다란 용골은 둥그렇게 제작해 회전성을 좋게 하지요.

카누의 크기는 1인승부터 10인승이 넘는 것까지 다양합니다. 지금도 캐나다의 태평양 연안과 폴리네시아, 멜라네시아 지역에서는 카누를 실생활에 사용하는 모습을 볼 수 있지요.

39
스노모빌

크 기
길이 3.2미터, 폭 1.2미터, 높이 1.5미터 안팎.

용 도
극지방 같은 설원에서 화물 수송, 통신, 레저 활동 등에 이용함.

참고 사항
스노모빌을 우리말로는 '설상차'라고 함.

　'스노모빌'은 눈 위를 달릴 수 있도록 설계된 전동차입니다. 앞바퀴 대신 스키를 달아놓은 형태로 눈이 많이 쌓인 지역에서 화물 수송과 통신, 레저 활동 등에 이용하지요. 바퀴 둘레에 강판으로 만든 벨트를 걸어놓은 캐터필러를 장착하기도 합니다. 미끄러운 눈밭에 빠지지 않고 속력을 낼 수 있어 극지방 등에서는 자동차 역할을 대신하는 훌륭한 교통수단이지요.

　스노모빌은 1911년 캐나다에서 처음 개발되었습니다. 보통 1~2명이 탑승하도록 만들며, 가솔린 엔진을 달아 스쿠터와 비슷한 방식으로 운전합니다. 최대 속력은 100킬로미터 가까이 되며, 일부 지역에서는 시속 200킬로미터에 육박하는 스노모빌도 이용하지요. 25도 정도의 빙판길은 문제없이 오르내리기 때문에 쓰임새가 많습니다.

40
월면차

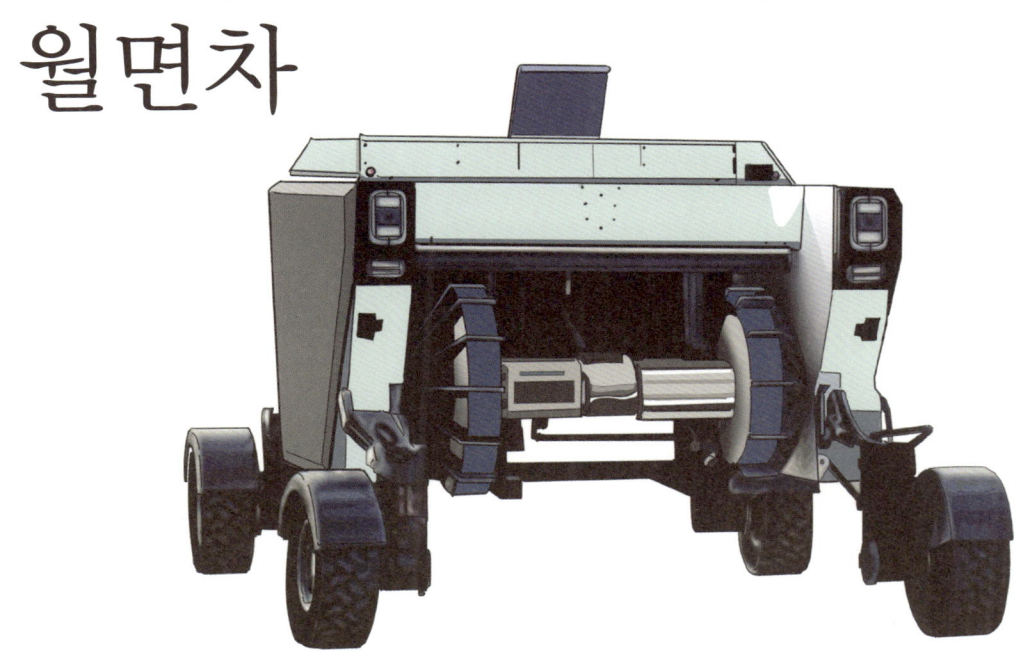

크 기
길이 3.1미터, 폭 2.05미터, 높이 1.32미터, 무게 209킬로그램.

용 도
달 표면 관측과 암석 표본 등의 운반에 이용함.

참고 사항
월면차는 높이 25센티미터와 너비 50센티미터의 장애물을 넘을 수 있었음.

　'월면차'는 달 표면의 탐험에 사용되는 차량을 말합니다. 지난날 아폴로 15호, 16호, 17호의 달 표면 임무에서 사용되었지요. 달 표면을 관측하고 암석 표본 등을 운반하는 데 이용한 것입니다. 당시 월면차는 '로버'라는 이름으로 불렸는데, 달에는 공기가 없어 엔진을 사용할 수 없었기 때문에 은아연전지라는 것으로 동력을 일으켰지요.

　아폴로 월면차의 크기는 길이 3.1미터, 폭 2.05미터, 높이 1.32미터, 무게 209킬로그램이었습니다. 또한 4륜차였으며, 바퀴의 지름은 81센티미터였지요. 월면차 로버는 시속 10킬로미터 정도의 속도로 각각 35~95킬로미터를 주행할 수 있었습니다. 아폴로 15호, 16호, 17호는 월면차 덕분에 이전 달 탐사 때보다 관측과 실험 범위가 한층 더 넓어졌지요.

41
스포츠카

크 기
일반 자동차와 비슷하거나 조금 작은 편.

용 도
속도를 즐기는 스포츠 또는 오락용 차량.

참고 사항
2인승이면서 차체 높이가 뒤로 갈수록 낮아지는 자동차를 '쿠페'라고도 함.

　빠른 스피드를 내는 데 중점을 두어 만든 경주용 또는 오락용 차를 '스포츠카'라고 합니다. 일반 자동차에 비해 조종의 즐거움에 중점을 둔 것으로, 운전 자체가 레저나 스포츠가 되지요. 그러므로 스포츠카는 차량 좌석의 안락함이나 화물 적재의 편리성보다 주행 성능과 제동력, 조종의 원활함 등이 더욱 중요하게 평가받습니다.

　스포츠카의 엔진은 승용차보다 강력한 것을 장착합니다. 보통 200마력 이상의 힘을 발휘하지요. 또한 일반 승용차보다 차체가 작고 낮으며 완벽한 유선형으로 만듭니다. 그래야만 공기 저항을 적게 받아 빠른 속력을 내는 데 도움이 되기 때문이지요. 일부 스포츠카는 시속 300킬로미터 넘게 속도를 낼 수 있습니다.

42 오토바이

크 기
배기량 50cc부터 1000cc 이상까지 다양함.

용 도
원동기를 동력으로 빠른 속도를 내는 교통수단.

참고 사항
오토바이를 '모터바이크'라고도 함.

 '오토바이'는 '모터사이클'이라고도 합니다. 원동기를 장치하여 그 동력으로 바퀴가 돌아가게 만든 이륜자동차를 가리키지요. 우리나라 법률에서는 125cc 이하 소형 오토바이의 경우 '원동기장치자전거'라고 부르기도 하는데, 그 용어에는 자전거에 엔진을 붙여 동력을 얻는 교통수단이라는 의미가 담겨 있습니다.

 오토바이는 자동차와 비교할 때, 철제 프레임이 훨씬 적게 들어가기 때문에 상대적으로 가볍게 만드는 것이 가능합니다. 따라서 작은 동력으로도 자동차 못지않은 빠른 속력을 낼 수 있지요. 하지만 오토바이는 운전자를 보호하는 외벽이 전혀 없는 형태라 사고 발생 시 자동차 운전자보다 더욱 심각한 피해를 입는 단점이 있습니다.

43

트럭

크　기
1톤, 2.5톤, 3.5톤, 5톤, 11톤, 25톤 등 다양함.

용　도
도로를 통해 각종 화물을 운송하는 데 이용함.

참고 사항
많은 자동차를 동시에 수송하는 트럭을 '카캐리어'라고 함.

　'트럭'은 각종 화물을 수송하는 것을 목적으로 하는 자동차를 말합니다. 우리나라 미국에서는 트럭이라고 하는데 영국에서는 보통 '로리'라고 하지요. 그 종류에는 픽업트럭, 카고트럭, 덤프트럭, 탑차 등이 있습니다. 아울러 운전석이 엔진 위에 있는 것을 '캡오버트럭', 엔진 뒤쪽에 운전석이 있는 것을 '보닛트럭'이라고 일컫기도 하지요. 운전실과 화물칸이 하나로 되어 있는 상자형 트럭은 '패널밴'이라고 하고요.

　트럭은 보통 4륜차인데, 대형은 6륜차 이상의 것도 있습니다. 일부 소형 트럭은 원동기로 가솔린 기관을 사용하지만, 중형 이상은 대부분 디젤엔진이지요. 트럭은 많은 화물을 운반하면서, 기차나 선박에 비해 그것을 필요로 하는 곳까지 가까이 접근하는 장점이 있습니다.

44
우체국차

크기
차량의 경우 1톤 트럭부터 25톤 트럭까지 다양함.

용도
우편물을 실어 나르는 역할을 함.

참고 사항
우편물을 배달하는 공무원을 '우체부' 또는 '집배원'이라고 함.

 우편물을 실어 나르는 차량을 '우체국차'라고 합니다. 다른 명칭으로 '우편차'라고도 하지요. 자동차 종류뿐만 아니라 기차도 우편물 운송에 이용합니다. 기차의 경우, 우편물의 신속한 배달을 위해 내부에 분류 시설을 갖춘 것도 있지요. 그런데 2023년 이후 우리나라에서는 우편물 기차, 즉 우편화차의 운행을 중단한 상태입니다.

 우체국차로 이용하는 차량은 다양합니다. 작은 승용차인 경차와 소형 승합차를 비롯해 1톤 트럭부터 25톤 트럭까지 장소와 상황에 맞게 운영하고 있지요. 소량의 우편물이나 차량 접근이 어려운 곳에는 125cc 이하 오토바이가 동원되는 경우도 흔합니다. 우체국차에는 굵은 글씨로 '긴급우편'이라고 표시하거나 노란색 경광등이 달려 있기도 하지요.

45

지하철

크 기
객실 차량의 수에 따라 다름.

용 도
지하에 설치한 철도를 이용해 신속하고 정확하게 많은 승객을 이동시킴.

참고 사항
지하철을 영어권에서는 '서브웨이' 유럽에서는 '메트로'라고 함.

    지하에 설치한 철도 위를 달리는 전동차를 '지하철'이라고 합니다. 대도시에서 교통 혼잡을 줄이고, 빠른 속도로 많은 승객을 이동시키기 위해 땅속에 터널을 파서 만든 교통수단이지요. 지하철은 1863년 영국 런던에 처음 등장했으며, 우리나라에서는 1974년 서울역에서 청량리역까지 1호선이 개통되었습니다.

    지하철은 인공적으로 터널을 파야 하기 때문에 막대한 건설비용이 들어갑니다. 그럼에도 일단 건설하고 나면 한꺼번에 많은 사람들이 신속하고, 정확하고, 안전하게 원하는 곳으로 갈 수 있지요. 거기에 더해 도로를 달리는 자동차와 비교해 환경을 덜 해친다는 장점도 가졌습니다. 또한 지하철 노선 위 지상 공간을 다른 용도로 이용해 공간 효율성이 높지요.

46 군함

크 기
소규모 고속정부터 초대형 항공모함까지 다양함.

용 도
각종 병기, 탄약, 레이더 등으로 무장하여 전투에 이용함.

참고 사항
일반적인 군함의 크기 순서는 전함〉순양함〉구축함〉초계함〉고속정.

    각종 무기로 무장하여 전투에 이용하는 선박을 '군함'이라고 합니다. 해군에서 소유하고 통솔하지요. 그 종류는 주로 근해를 경비하는 고속정부터 초대형 항공모함까지 다양합니다. 비행기나 전차 같은 하늘과 육상의 여느 무기와 달리 군함은 바다에서 물의 부력을 이용하는 까닭에 선박 크기에 상대적으로 제한이 없습니다.

    군함의 동력 기관은 일반 선박에 비해 훨씬 성능이 뛰어납니다. 그래야만 전투 시 힘과 기동성을 발휘할 수 있기 때문이지요. 또한 무게중심이 낮아 어지간한 파손에도 복원성이 우수합니다. 적의 공격으로 일부 기관실이 파괴되어도 운항할 수 있는 장점을 가졌다는 의미지요. 군함은 역할에 따라 구축함, 순양함, 전함, 초계함, 경비정, 상륙함 등으로 불립니다.

47 바이킹선

크 기
대체로 길이 40미터, 폭 6미터 안팎.

용 도
노르만족이 교역과 약탈, 정복을 위해 이용함.

참고 사항
바이킹선과 같은 범선의 역사는 기원전 3천 년 무렵부터 시작됨.

793~1066년 시기를 유럽 역사에서는 흔히 '바이킹 시대'라고 합니다. 이 무렵에는 스칸디나비아반도의 노르만족이 교역과 약탈, 정복을 위해 바다와 강을 건너 유럽 대륙 곳곳으로 세력을 뻗어 나갔지요. 그때부터 중세 시대까지 스칸디나비아반도에서 사용했던 독특한 구조의 선박을 '바이킹선'이라고 합니다.

바이킹선은 일반적으로 양쪽 끝이 대칭이며 용골이 있는, 가늘고 유연한 형태의 범선이었습니다. 또한 선박치고는 무게가 가벼우며, 수심이 얕은 바다에서도 항해가 가능하다는 특징을 가졌지요. 따라서 노를 젓는 사람의 수도 많이 필요하지 않았습니다. 당시 노르만족은 대형 바이킹선을 군함으로, 크기가 작은 바이킹선은 무역선으로 주로 이용했지요.

48 로켓

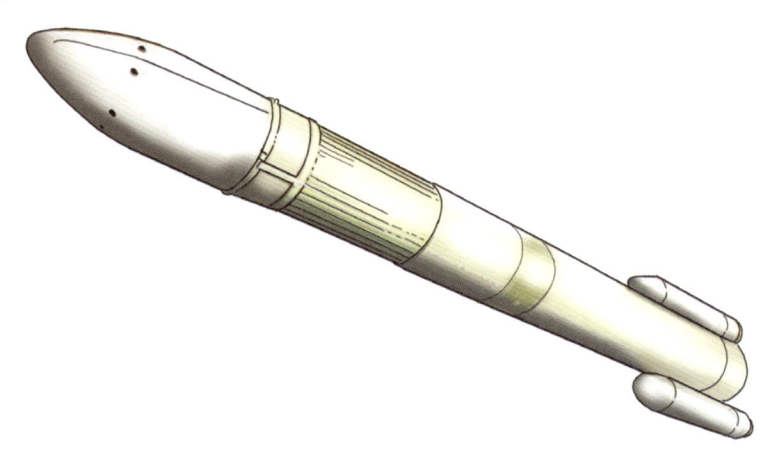

크기
우주발사체 누리호의 경우 높이 47.2미터, 폭 3.5미터, 발사 중량 약 200톤.

용도
우주선, 우주발사체, 미사일 등으로 이용함.

참고 사항
인공위성을 발사하려면 로켓 속도가 초당 7.8킬로미터는 돼야 함.

  우주 공간을 비행할 수 있는 추진 기관을 가진 비행체를 '로켓'이라고 합니다. 로켓은 연료를 태워 고압가스를 내뿜는 힘을 이용해 앞으로 나아가지요. 가스를 밖으로 보내면서 그것이 가진 운동량만큼 추진력을 얻게 되는 것입니다. 이때 사람이 탑승하면 유인우주선, 인공위성 등을 실어 쏘아 올리면 우주발사체, 핵탄두 같은 무기를 실으면 미사일이 되지요.

  로켓은 연료의 연소에 필요한 산소도 함께 가져 공기가 없는 곳에서도 연료를 태워 비행하는 특징이 있습니다. 즉 로켓은 진공 상태인 우주에서도 추진력을 얻을 수 있다는 의미입니다. 일반 항공기는 대기에서 산소를 빨아들여 연료를 연소시키기 때문에 그와 같은 기능을 할 수 없지요. 로켓은 연료에 따라 고체 로켓, 액체 로켓, 원자력 로켓 등으로 분류합니다.

49 항공모함

크 기
10만 톤급 항공모함의 경우 길이 333미터, 폭 41미터 안팎.

용 도
전투기를 싣고 이착륙시키며, 정비와 보급을 담당함.

참고 사항
6만 톤급 이상은 되어야 대형 항공모함으로 분류함.

해양에서 전투기를 실어 이동하고 이착륙시킬 수 있는 능력을 갖춘 대형 군함을 '항공모함'이라고 합니다. 보통 50~100기의 전투기와 함께 작전을 수행하지요. 단순히 전투기의 이착륙뿐만 아니라 정비와 보급, 관제 기지 역할도 해냅니다. 한마디로 바다 위에 떠다니는 거대한 항공 기지라고 할 만하지요.

보통 10만 톤급 규모의 항공모함은 70대가 넘는 전투기를 운용할 수 있습니다. 아울러 엄청난 규모에도 빠른 속도로 운항하는 특징을 가졌지요. 따라서 그런 항공모함이 적의 영토 가까이 접근해 작전을 펼치면 전쟁에서 승리할 확률이 대폭 높아집니다. 지구 면적의 약 70퍼센트가 바다이기 때문에 항공모함의 위력은 우리가 상상하는 것 이상이지요.

50 몬스터트럭

크 기
차체 높이 3.6미터, 타이어 지름 170센티미터, 1천 마력 안팎.

용 도
오프로드에서 경주용이나 레저용으로 이용함.

참고 사항
배기가스와 탄소 배출량이 많은 것도 또 다른 단점.

대표적인 오프로드 차 중 하나가 '몬스터트럭'입니다. 오프로드 차란, 포장되지 않은 길을 달릴 수 있도록 특별히 설계하고 제작한 차량을 일컫지요. 몬스터트럭은 픽업트럭 형태인데, 바닥에서부터 차체까지가 제법 높은 편입니다. 또한 네 바퀴가 아주 커다랗고, 바퀴와 차체를 연결하는 서스펜션 장치가 있어 길바닥에서 전해지는 충격을 흡수하지요.

몬스터트럭은 여느 트럭과 달리 화물 운송의 목적으로 사용하지 않습니다. 그보다는 경주용이나 레저용으로 이용하지요. 그런데 몬스터트럭은 빠른 속도를 내기에 적합한 모습이 아닙니다. 잘 닦아놓은 평탄한 길을 달리기보다는 험난한 지형을 박력 있게 돌파해 나가는 모습이 인상적이지요. 다만 무게중심이 높아 운전 중 전복될 위험이 크다는 단점이 있습니다.